쏙 읽어도 싹 이해되는
초등 관용구

우당탕탕! 좌충우돌!

찰떡 재미 4남매가 함께하는 초등 공부!

싸이틀

안녕하세요!
만화가 부부 인호빵(김인호, 남지은)입니다!

오래 기다리셨죠?
드디어 쓱싹 시리즈의 완성! <관용구> 편이 나왔어요!
여러분은 '관용구'라는 말을 들어보셨나요?
익숙할 관(慣), 쓸 용(用), 구절 구(句)!
관용구는 한자 뜻처럼 일상에서 익숙하게 쓰이는 말로써
두 개 이상의 단어로 이루어진 말이지만, 본래 뜻과는 다른 뜻으로
굳어진 말이에요.

예를 들어
'손을 끊다'는 말은 무슨 뜻일까요?
어쩐지 알쏭달쏭하고 정확한 의미를 알기가 힘들죠?
'손을 끊다'는 '교제나 관계, 또는 거래를 중단하다'라는 뜻을 지니고 있어요.
그럼 '해가 서쪽에서 뜨다'는 무슨 뜻일까요?

여러분이 일찍 일어나서 이불을 싹 정리했을 때!
또는 숙제를 밀리지 않고 일찍 끝냈을 때! 종종 들어 본 적 있을 거예요?
'해가 서쪽에서 뜨다'는 예상 밖의 일 또는 절대로 있을 수 없는 희한한 일을
하려고 하거나 했을 경우를 비유적으로 이르는 말이에요!
이렇게 관용구 속에는 감추어진 진짜 의미가 따로 있어서 배워야지만
그 뜻을 정확하게 알 수 있답니다.

《쓱 읽어도 싹 이해되는 초등 관용구》는 다른 책에서 찾기 힘든,
또는 어린이들이 꼭 알아야 할 관용구 100개와 함께 알아 두면 좋을
관용구 100개까지 모두 200개를 실었어요.

《쓱 읽어도 싹 이해되는 초등 관용구》와 함께 관용구를 익히면서
배움의 즐거움과 알아가는 기쁨을 누리길 바라요!
여러분에게 유익하고 유용한 책이 될 거라 확신하며,
그럼 이제 책장을 넘겨 볼까요?

인호빵

인물소개

아빠 김 작가

20년 차 웹툰 작가로, 연재 때문에 바쁘지만 언제나 가족과 함께 더 많은 시간을 보내려고 애쓰는 다정한 아빠!

엄마 남 작가

아빠와 함께 작품을 만드는 만화 스토리 작가! 네 명의 자녀를 홈스쿨링하며 함께 배우고 성장하고 있다.

첫째 아들 션

청소년기에 접어들어 가끔 성숙한 모습을 보이기도 하는 든든한 첫째! 그림 그리는 시간이 세상 가장 행복하다고 한다.

둘째 아들 뚜

농구와 음악을 사랑하는 멋진 둘째! 쑥쑥 자라고 있지만 아직도 개구쟁이 모습을 유지하고 있다. 힘이 세서 가족에 많은 도움을 준다.

형들 놀리는 재미로 사는 셋째 혀니! 엉뚱하고 유쾌한 장난꾸러기지만 그림 그릴 때는 세상 진지한 예술가가 된다.

셋째 아들 혀니

막내딸 랄라

엄마 아빠한텐 애교 만점 사랑스러운 막내딸! 오빠들한텐 목소리로 휘어잡는 여장부! 노래와 장난감 놀이를 가장 좋아한다.

그 외 등장인물을 찾아보세요!

윗집 아주머니

체육 소녀

라은 이모

하엘이

이렇게 활용하세요

1

초등학생이 알아야 할 관용구나 다른 책에는 없는 관용구 100개를 뽑았어요.

2

관용구에서 어려운 어휘나 의미를 쉽게 풀었어요.

※ 일러두기 : 관용구 풀이는 국립국어원 표준국어대사전을 따랐습니다.

쏙싹 036 맥이 풀리다

기운이나 긴장이 풀어지다.

➕ 쏙싹 어휘력 더하기

맥은 의학에서 심장 박동, 즉 심장에서 나오는 피가 동맥 벽에 닿아서 생기는 움직임을 뜻해요. '맥박'이라고도 하지요. 사람이 의식을 잃으면 손목이나 목 근처에 맥이 뛰는지 만져 봐요. 기운이 없거나 의식을 잃으면 맥이 뛰지 않고 풀려 있거든요.

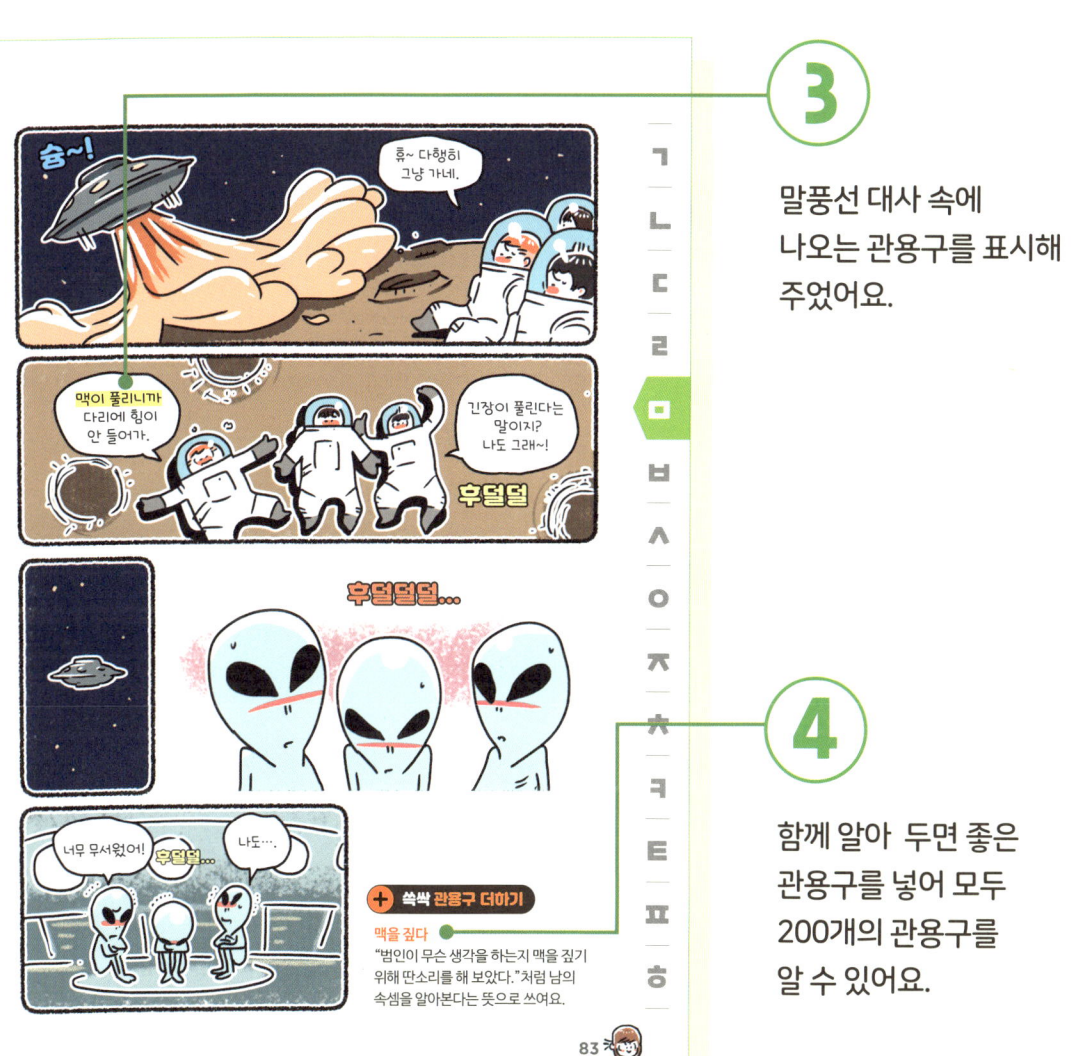

③ 말풍선 대사 속에 나오는 관용구를 표시해 주었어요.

④ 함께 알아 두면 좋은 관용구를 넣어 모두 200개의 관용구를 알 수 있어요.

차례

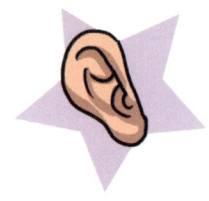

001	가슴에 새기다	12
002	가슴에 손을 얹다	14
003	가슴을 펴다	16
004	가슴이 무겁다	18
005	가시가 돋다	20
006	간담이 서늘하다	22
007	간도 쓸개도 없다	24
008	간이 콩알만 하다	26
009	걱정이 태산이다	28
010	걸음을 떼다	30
011	골탕을 먹이다	32
012	구미가 당기다	34
013	국물도 없다	36
014	국수를 먹다	38
015	귀가 따갑다	40
016	귀가 얇다	42
017	귀를 세우다	44
018	기를 펴다	46
019	깨가 쏟아지다	48
020	꿈에 밟히다	50
021	꿈에도 생각지 못하다	52
022	꿈인지 생시인지	54
023	눈 깜짝할 사이	56
024	눈독을 들이다	58
025	눈앞이 환해지다	60

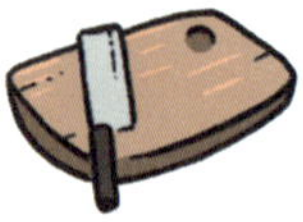

026	눈에 넣어도 아프지 않다	62
027	눈에 아른거리다	64
028	눈에 흙이 들어가다	66
029	눈이 캄캄하다	68
030	닭똥 같은 눈물	70
031	더위를 먹다	72
032	도마 위에 올려놓다	74
033	떡이 생기다	76
034	마음이 통하다	78
035	말을 삼키다	80
036	맥이 풀리다	82
037	머리가 굵다	84
038	머리가 무겁다	86
039	머리를 맞대다	88
040	머리털이 곤두서다	90
041	물 건너가다	92
042	물 만난 고기	94
043	물과 기름	96
044	발 벗고 나서다	98
045	발이 넓다	100
046	발이 떨어지지 않다	102
047	발이 손이 되도록 빌다	104
048	배가 등에 붙다	106
049	배가 아프다	108
050	배에 기름이 끼다	110

051	벼락 맞을 소리	112
052	빛을 발하다	114
053	빛을 보다	116
054	상다리가 부러지다	118
055	생각이 꿀떡 같다	120
056	손발이 맞다	122
057	손을 끊다	124
058	손을 내밀다	126
059	손을 떼다	128
060	손이 맵다	130
061	씨가 마르다	132
062	씨도 먹히지 않다	134
063	아귀가 맞다	136
064	애가 쓰이다	138
065	양다리를 걸치다	140
066	어깨가 무겁다	142
067	어깨가 올라가다	144
068	어깨를 나란히 하다	146
069	어깨에 힘이 들어가다	148
070	얼굴에 씌어 있다	150
071	엉덩이가 근질근질하다	152
072	엉덩이가 무겁다	154
073	입만 살다	156
074	입술에 침 바른 소리	158
075	입술을 깨물다	160

076	입에 거미줄 치다	162
077	입에 자물쇠를 채우다	164
078	입에 침이 마르다	166
079	입을 모으다	168
080	입이 심심하다	170
081	자취를 감추다	172
082	줄행랑 놓다	174
083	침 발라 놓다	176
084	침을 삼키다	178
085	코가 꿰이다	180
086	코가 납작해지다	182
087	콧대가 높다	184
088	하늘과 땅	186
089	하늘에 닿다	188
090	하늘을 지붕 삼다	190
091	하늘을 찌르다	192
092	하늘이 노랗다	194
093	한숨 돌리다	196
094	해가 서쪽에서 뜨다	198
095	허리가 휘다	200
096	허리를 굽히다	202
097	화가 머리끝까지 나다	204
098	화를 끓이다	206
099	화통을 삶아 먹다	208
100	희망의 등대	210

가슴에 새기다

잊지 않게 단단히 마음에 기억하다.

> **➕ 쏙쏙 어휘력 더하기**
>
> '새기다'는 글씨나 모양을 나무나 돌 같은 곳을 파내 지워지지 않도록 흔적을 남기는 거예요. 마찬가지로 가슴에 무언가를 새긴다는 말은 절대 잊을 수 없는 것, 또는 기억에 강하게 남는 일을 절대 잊지 않겠다는 각오예요.

+ 쏙싹 관용구 더하기

가슴을 불태우다
어떤 의욕이나 기세가 몹시 끓어오를 때 활동한다는 뜻으로 써요.

가슴에 손을 얹다

양심에 근거를 두다.

> **쏙싹 어휘력 더하기**
>
> '양심'은 자기가 한 행동의 옳고 그름, 또는 선과 악을 분별해 올바른 행동을 하려는 마음이에요. 사람들은 보통 마음을 가슴에 있다고 생각하므로 가슴에 손을 얹는다는 말은 양심에 손을 얹고 마음이 시켜서 하는 행동인지, 생각해 보라는 뜻이에요.

➕ 쓱싹 관용구 더하기

가슴이 찔리다
잘못을 저질렀을 때 아무리 숨기려고 해도 마음속 깊은 곳은 계속해서 잘못됐다고 외쳐서, 마음이 따끔따끔해요. 양심의 가책을 받을 때 쓰는 말이에요.

쓱-싹- 003 가슴을 펴다

굽힐 것 없이 당당하다.

> **➕ 쓱싹 어휘력 더하기**
>
> 마음이 불안하고 당당하지 못하면 자세가 움츠러들 수밖에 없어요. 어깨나 가슴이 움츠러들면 자신감이 없어 보이기 마련이에요. 그러니 자신 있게 가슴을 쫙 펴고 바른 자세를 유지해 보세요. 가슴을 쫙 펴면 당당해 보이고 덩달아 자신감과 자존감도 높아져요.

➕ 쏙쏙 관용구 더하기

가슴이 넓다
가슴은 마음을 비유해요. 가슴이 넓다는 뜻은 마음이나 생각이 넓어서 다른 사람의 입장도 헤아릴 수 있을 만큼 이해심이 많다는 뜻이에요.

쏙·싹 004 가슴이 무겁다

슬픔이나 걱정으로 마음이 가라앉다.

➕ 쏙싹 어휘력 더하기

걱정이 많거나 슬픔 때문에 마음이 좋지 않을 때 무거운 돌덩이를 가슴에 올려놓은 것처럼 답답하고 무거워요. 이럴 때는 걱정이라는 돌을 내려놓고 긍정적으로 생각하도록 노력해 보세요. 가슴이 한결 가벼워질 거예요.

➕ **쏙싹 관용구 더하기**

가슴이 무너져 내리다
가슴이 무거운 걸 넘어서 무너져 내릴 정도로 몹시 충격을 받았다는 뜻이에요. 마음을 다잡기 힘들 때 쓰는 말이에요.

005 가시가 돋다

공격하려는 의도나 불평불만이 있다.

> **쏙싹 어휘력 더하기**
>
> 가시는 바늘처럼 뾰족하게 돋친 것이에요. 장미 줄기에도 가시가 있고, 고슴도치 등에도 가시가 있지요. 동식물의 가시는 적으로부터 자신을 보호해요. 하지만 말 속에 있는 가시는 자신을 지켜 주지 못하고 다른 사람에게 상처만 주지요.

쏙싹 관용구 더하기

가시 먹은 것 같다
남에게서 받거나 얻어먹은 것이 마음에 걸려 꺼림칙할 때 쓰는 말이에요.

간담이 서늘하다

몹시 놀라서 섬뜩하다.

> **쏙싹 어휘력 더하기**
>
> 간담은 간과 쓸개를 아우르는 말로 가슴과 배 사이에 있는 몸속 기관이에요. 그래서 사람들은 간담을 마음에 비유하기도 해요. 실제로 뜻밖의 일을 당해 몸이 서늘하거나 섬뜩해지는 까닭은 간과 담이 매우 예민해서 기분에 따라 영향을 받기 때문이지요.

간도 쓸개도 없다

용기나 줏대 없이 남에게 굽히다.

➕ 쏙쏙 어휘력 더하기

한의학에서 간은 새로운 일을 이끄는 힘을 내게 하고, 쓸개는 과감하게 결정한다고 생각해요. 만일 간과 쓸개가 없으면 스스로 어떤 일도 결정하지 못하고, 남의 말에 줏대 없이 이리저리 흔들리게 되겠지요? 줏대는 사물이나 일에서 가장 중요한 부분을 뜻한답니다.

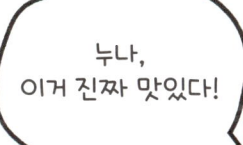

➕ 쓱싹 관용구 더하기

간을 빼 먹다
겉으로는 비위를 맞추며 좋게 대하는 척하면서 중요한 것을 다 빼앗아 갈 때 쓰는 말이에요.

간이 콩알만 하다

몹시 겁이 나서 기를 펴지 못하다.

➕ 쏙싹 어휘력 더하기

간은 우리 몸에서 가장 큰 장기예요. 어른의 간은 실제로 1.4~1.7킬로그램 정도 되지요. 이렇게 큰 간이 아주 작은 콩처럼 작아졌다는 것은 매우 이상하고 위험한 일이에요. 간이 작아질 정도로 겁이 나거나 위험한 상황을 겪고 있다는 뜻이랍니다.

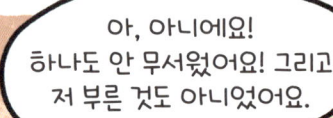

걱정이 태산이다

해결해야 할 일이 너무 많거나 복잡해서 걱정이 태산처럼 크다.

> **➕ 쏙쏙 어휘력 더하기**
>
> 태산은 높고 큰 산을 말해요. 걱정이 태산이라는 뜻은 그만큼 걱정거리가 많고 크다는 뜻이지요. 사실 걱정은 일어나지 않을 것을 미리 생각하는 것이기 때문에 앞서 걱정하지 않아도 괜찮아요.

➕ 쏙싹 관용구 더하기

걱정을 잡아매다
어떤 것을 멈추게 할 때 잡아서 어디엔가 매이게 해요. 마찬가지로 자꾸만 커지는 걱정을 멈추거나 그만둘 때 쓰는 말이에요.

쏙·쏙 010 걸음을 떼다

걷기 시작하다. 또는 준비해 오던 일을 처음으로 시작하다.

➕ 쏙쏙 어휘력 더하기

걸음은 두 발을 번갈아 가며 옮기는 동작을 말하기도 하지만, 일정한 방향으로 나아가는 움직임이나 기회 등을 뜻하기도 해요. 걸음을 옮겨야 목적지에 도착할 수 있듯이 '걸음을 떼다', '걸음을 떼었다'는 어떤 일을 이루기 위해 시작했다는 뜻이에요.

➕ 쏙쏙 관용구 더하기

걸음을 재촉하다

'재촉'은 어떤 일을 빨리하라고 조르는 행동이에요. '걸음을 재촉하다'는 길을 갈 때 일찍 서둘러 가거나, 다른 사람에게 빨리 가라고 요구할 때 쓰는 말이지요.

골탕을 먹이다

한꺼번에 크게 손해를 입히거나 낭패를 당하게 만들다.

➕ 쏙싹 어휘력 더하기

골탕은 본래 소의 머릿골이나 등골을 끓인 국물을 가리키는 말이었어요. 그러다 '속이 물크러져 상하다'는 뜻의 '곯다'라는 낱말과 발음이 비슷해서 뜻이 섞이게 됐어요. 그래서 다른 사람에게 장난치거나 본의 아니게 손해를 입히게 될 때 '상한 국물을 먹인다'는 뜻으로 써요.

➕ 쏙싹 **관용구 더하기**

골탕을 먹다
다른 사람에게 일부러 해를 입힐 때는 '골탕을 먹이다'라고 하고, 손해를 내가 입었을 때는 '골탕을 먹다' 또는 '골탕을 먹었다'라고 해요.

구미가 당기다

욕심이나 관심이 생기다.

➕ 쏙싹 어휘력 더하기

'구미(口味)'는 음식을 먹을 때 입에서 느끼는 맛에 대한 감각이에요. 우리말로는 입맛이라고도 해요. 배고플 때 좋아하는 음식이 당길 때가 있지요? 마찬가지로 어떤 일이나 물건을 보고 욕심이 생기는 모습을 비유해 '구미가 당긴다'라고 해요.

국물도 없다

돌아오는 몫이나 이득이 아무것도 없다.

> ➕ **쏙싹 어휘력 더하기**
>
> 옛날에는 밥상에 밥과 국을 항상 같이 내놓았어요. 또한 서민 사이에는 국에 밥을 말아 먹는 탕 문화가 발달했어요. 그만큼 우리나라 사람한테는 국물이 중요해요. 이렇게 우리나라 밥상에서 빠지지 않는 국물이 없다는 것은 인정사정 봐주지 않겠다는 심한 말이었답니다.

➕ 쓱싹 관용구 더하기

미역국을 먹다
미역은 미끄러운 식감 때문에 미끄러진다는 느낌이 있어서, 중요한 시험을 앞두고 미역국을 먹지 않는 풍습이 생겼어요. 그래서 시험에서 떨어졌을 때 '미역국을 먹었다'라고 해요.

국수를 먹다

결혼식이 끝나고 국수를 대접하는 데서, 결혼식을 올리는 일을 비유한 말.

> ➕ **쏙쏙 어휘력 더하기**
>
> 옛날에는 결혼식이 끝난 뒤 손님에게 국수를 대접했어요. 그래서 '국수를 먹다', '국수를 먹이게 해 주다'는 말은 '결혼식을 올린다'는 뜻으로 쓰게 되었지요.

➕ 쏙쏙 관용구 더하기

상투를 틀다
옛날에는 어른이 되어 결혼을 하면 길게 땋았던 머리를 올렸어요. 이에 비유해 결혼하는 남자에게 '상투를 틀다'라고 해요.

015 귀가 따갑다

소리가 날카롭고 커서 듣기 괴롭거나, 너무 여러 번 들어서 듣기 싫다.

> **쓱싹 어휘력 더하기**
>
> 귀가 일정한 소음이나 큰 소음을 듣게 되면, 실제로 귀가 아프거나 멀게 될 수 있어요. '귀가 따갑다'는 건 어떤 소리를 반복해서 들은 탓에 정말 귀가 아픈 것처럼 느껴질 만큼 듣기 싫다는 뜻이에요.

➕ 쏙싹 관용구 더하기

귀가 가렵다
실제로 귀가 가려울 때 왠지 다른 사람이 내 얘기를 하는 것 같다는 뜻으로 쓰는 말이에요.

쏙·싹 016 귀가 얇다

남의 말을 쉽게 받아들인다.

➕ 쏙싹 어휘력 더하기

실제로 귀가 얇다고 잘 들리고, 두껍다고 못 듣는 것은 아니에요. 하지만 벽이 얇으면 옆집 소리가 잘 들리는 것처럼, 자기 처지에서 생각이나 판단하지 않고 이 사람 저 사람 이야기를 다 받아들이는 사람을 가리켜 귀가 얇다고 해요.

➕ **쏙싹 관용구 더하기**

귀를 팔다
어떤 것에 집중하지 못할 때 '정신이 팔렸다'고 말해요. 마찬가지로 귀를 딴 데로 돌리어 잘 듣지 않아 집중하지 못할 때 쓰는 말이에요.

귀를 세우다

듣기 위해 신경을 곤두세우다.

➕ 쏙싹 어휘력 더하기

'곤두세우다'는 거꾸로 꼿꼿이 세운다는 뜻이에요. 얼굴 양옆에 있는 귀를 더 높이 세우려면 온 신경을 집중해야 하지요. '귀를 세우다'는 말도 그만큼 몸에 있는 신경을 다 집중해서 듣는다는 뜻이에요.

➕ 쏙싹 관용구 더하기

귀를 기울이다
'기울이다'는 한쪽을 낮춘다는 뜻도 있지만 정성이나 노력을 한곳으로 모은다는 뜻도 있어요. '귀를 기울이다'는 상대방의 이야기를 정성껏 듣기 위해 집중한다는 뜻이랍니다.

018 기를 펴다

억눌림이나 어려운 지경에서 벗어나 마음을 자유롭게 가지다.

쏙쏙 어휘력 더하기

기(氣)는 활동하는 힘, 또는 숨 쉴 때 나오는 기운을 말해요. 나보다 무언가를 훨씬 잘하는 사람 앞이나 두려운 상황에 닥치면 숨을 제대로 쉬지 못하고 움츠러들기도 해요. 이런 상태를 보고 '기가 죽다'라고 하지요. 이럴 때일수록 반대로 기를 펴고 힘내라는 뜻이에요.

+ 쏙싹 관용구 더하기

기가 차다
기가 숨 쉬는 곳까지 차올라 말을 할 수 없을 만큼, 하도 어이가 없어서 말이 나오지 않는다는 뜻이에요.

깨가 쏟아지다

몹시 아기자기하고 재미가 나다.

> **쏙쏙 어휘력 더하기**
>
> 깨는 참깨와 들깨 같은 향신료를 아우르는 말이에요. 깨를 수확하려면, 낫으로 벤 다음 잘 말려서 단으로 묶어요. 잘 말린 깨를 막대기로 치면 깨가 우수수 쏟아지는데 이 과정이 무척 재밌다고 해요. 그래서 갓 결혼한 부부나 알콩달콩 지내는 모습을 표현해요.

➕ 쏙쏙 관용구 더하기

깨소금 맛
볶은 참깨를 빻은 것을 깨소금이라고 해요. 고소한 맛과 냄새가 나는데, 평소 좋지 않게 생각하는 사람의 불행을 보고 통쾌하다는 뜻으로 쓰여요.

꿈에 밟히다

잊히지 아니하여 꿈에 나타나다.

> **쏙싹 어휘력 더하기**
>
> 길을 걸을 때 무언가 밟히면 신경이 쓰여요. '꿈에 밟히다'는 어떤 고민이나 생각이 가득해 발에 밟히듯 거슬려서 자는 동안 꿈에 나올 정도로 신경 쓰인다는 뜻이에요.

➕ 쏙싹 관용구 더하기

꿈을 깨다
꿈은 잠자는 동안 깨어 있는 것처럼 여러 가지 상황을 겪는 것을 뜻하기도 하지만, 이루고 싶은 희망을 뜻하기도 해요. '꿈을 깨다'는 자고 일어나면 꿈이 사라져 버리듯, 희망을 낮추거나 버리게 하는 표현으로 써요.

꿈에도 생각지 못하다

전혀 생각하지 못하다.

> **쏙싹 어휘력 더하기**
>
> 꿈에 가장 많은 영향을 끼치는 것이 깨어 있을 때 겪은 일이에요. 꿈은 그만큼 일상생활과 관련이 많아요. 그런데 '꿈에도 생각지 못하다'는 말은 평소에 겪지 않았던 일이라 예상하기 어려웠다는 뜻으로 놀랍거나 당황스러울 때 쓴답니다.

🟠 쏙싹 관용구 더하기

꿈도 안 꾸다

'꿈도 안 꾸다'는 처음부터 전혀 생각이 없을 때 쓰는 표현이에요. "일이 이렇게 잘될 거라고는 꿈도 안 꾸고 있었다."처럼 쓰이지요.

꿈인지 생시인지

생각지도 못한 뜻밖의 일에 부닥쳐 어찌할 바를 모르거나 간절히 바라던 일이 뜻밖에 이루어져 꿈처럼 여겨지는 것을 이르는 말.

> **쏙싹 어휘력 더하기**
>
> '생시'는 태어난 시간인데, '꿈인지 생시인지'에서 생시는 깨어 있을 때를 뜻해요. 그러니 꿈과 깨어 있는 것이 구별되지 않을 만큼 얼떨떨한 상태를 뜻한답니다.

쏙쏙 관용구 더하기

꿈도 야무지다
'야무지다'는 사람의 성질이나 행동, 생김새 따위가 빈틈 없이 꽤 단단하다는 뜻이이에요. '꿈도 야무지다'는 꿈이나 희망이 너무 커서 실현 가능성이 없음을 비꼬는 말이에요.

눈 깜짝할 사이

매우 짧은 순간.

> **쏙싹 어휘력 더하기**
>
> '깜짝하다'는 눈이 살짝 감겼다 뜨이는 모습을 나타내요. 눈을 감았다 뜨는 순간은 정말 짧아요. '눈 깜짝할 사이'는 실제로 짧은 순간을 뜻한다기보다 그만큼 빠르게 느껴졌다는 의미로 쓰인답니다.

➕ 쏙쏙 관용구 더하기

눈도 깜짝 안 하다

무언가 눈앞에 갑자기 나타나면 깜짝 놀라서 자기도 모르게 눈을 깜빡이게 돼요. '눈도 깜짝 안 하다'는 어떤 일이 닥쳐도 눈을 깜빡이지 않을 정도로 놀라지 않고 태연한 사람을 표현하는 말이에요.

눈독을 들이다

욕심을 내어 눈여겨보다.

➕ 쏙쏙 어휘력 더하기

눈독은 눈의 독기 또는 욕심을 내어 눈여겨보는 기운을 말해요. 그냥 보는 것이 아니라 욕심이나 나쁜 마음을 먹고 바라보는 눈빛을 말하지요.

눈앞이 환해지다

세상 사정을 똑똑히 알게 되다. 또는 전망이나 앞길이 뚜렷해지다.

➕ 쓱싹 어휘력 더하기

어렸을 때는 보이는 것이 전부지만, 커 가면서 여러 일을 겪고 경험이 쌓이면 앞으로의 일을 예측할 수도 있고 미리 보이는 게 많아져요. 그럴 때 '눈앞이 환해지다'라는 표현을 쓴답니다. 또는 막막했던 일이 해결되면서 나아갈 길이 보일 때 쓰기도 해요.

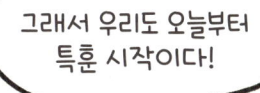

➕ 쏙싹 관용구 더하기

눈에서 번개가 번쩍 나다
뺨이나 머리 따위를 강하게 맞았을 때 눈앞이 캄캄해지며 번개처럼 순간 빛이 떠올랐다가 사라짐을 비유하는 말이에요.

눈에 넣어도 아프지 않다

매우 귀엽다.

> **+ 쓱싹 어휘력 더하기**
>
> 눈에 작은 먼지나 속눈썹이 들어가면 무척 따가워요. 이물질을 내보내기 위해 눈물도 나지요. '눈에 넣어도 아프지 않다'는 눈에 아예 넣고 싶을 정도로 계속해서 보아도 질리지 않고 아프지도 않다는 뜻이에요. 주로 부모가 자식을 볼 때 쓰는 말이랍니다.

➕ 쏙쏙 관용구 더하기

눈에 안경
시력이 나쁜 사람은 자기 시력에 맞는 안경을 써야 해요. 이처럼 보잘것없는 물건이라도 제 마음에 들면 눈에 맞는 안경을 쓴 것처럼 좋게 보인다는 뜻이지요.

눈에 아른거리다

어떤 사람이나 일 따위에 관한 기억이 떠오르다.

> **➕ 쓱싹 어휘력 더하기**
>
> '아른거리다'는 희미하게 보이다 말다 한다는 뜻이에요. '눈에 아른거리다'는 추억을 떠올릴 때, 또는 무언가 자꾸 생각이 날 때 실제로 그 일이 눈앞에 보이지 않지만, 희미하게 보이는 것처럼 느껴질 때 쓰는 말이에요.

➕ **쓱싹 관용구 더하기**

눈에 익다
여러 번 보아서 익숙하다는 뜻이에요.

028 눈에 흙이 들어가다

죽어 땅에 묻히다.

> **쓱싹 어휘력 더하기**
>
> 옛날에는 죽은 사람을 관에 넣어 묻기도 했지만, 관 없이 그냥 땅에 묻기도 했어요. 그러고는 얼굴부터 흙을 덮었지요. '눈에 흙이 들어가다'는 보통 '눈에 흙이 들어가기 전까지'로 많이 쓰이며, 죽기 전까지 어떤 일을 해 줄 수 없을 만큼 반대할 때 많이 써요.

제 방을 큰 오빠 방이랑 바꾸라고요?

큰 오빠 방이 너무 좁아서…. 네 방이 제일 크니까 바꿔달라고 부탁하는 거야!

안 돼요!

제 눈에 흙이 들어가도 안 돼요!

어머! 그런 말도 알아?

선생님한테 배웠어요.

➕ 쏙싹 관용구 더하기

눈에 보이는 것이 없다
보이지 않으면 앞에 위험이나 무서운 것이 있어도 알지 못해요. '눈에 보이는 것이 없다'는 실제로 보이는 것 없는 사람처럼 행동한다는 뜻으로 사리 분별을 하지 못하는 사람을 비유하는 말이에요.

눈이 캄캄하다

정신이 아찔하고 생각이 콱 막힌 상태. 또는 글자를 아는 것이 없다.

> **쏙싹 어휘력 더하기**
>
> 캄캄한 밤에는 아무리 눈을 크게 뜨고 보려고 해도 잘 보이지 않아서 아무 일도 할 수 없어요. '눈이 캄캄하다'는 불이 꺼진 것처럼 어찌할 바를 모르고 아득해지는 것을 말한답니다.

➕ 쓱싹 관용구 더하기

눈에 불을 켜다
몹시 욕심을 내거나 관심을 기울이다.
또는 화가 나서 눈을 부릅뜬다는
뜻이에요.

닭똥 같은 눈물

몹시 방울이 굵은 눈물을 비유적으로 이르는 말.

> **쏙싹 어휘력 더하기**
>
> 닭똥을 본 적이 있나요? 물감을 찍 짜 놓은 것처럼 굵고 묵직해요. '닭똥 같은 눈물'은 참았던 눈물이 모여 닭똥처럼 뚝뚝 떨어지는 모습을 뜻하는 말이에요.

➕ 쓱싹 관용구 더하기

닭 물 먹듯
닭은 물을 먹을 때 부리로 쪼듯이 먹어요. 그래서 물을 마시는 만큼 흘리는 양도 많지요. 닭이 물을 마실 때 반은 마시고 반은 흘리는 모습처럼 어떤 일을 할 때 내용도 모르고 건성으로 넘기는 모양을 비유하는 말이에요.

더위를 먹다

여름철 더위 때문에 몸에 이상 증세가 생기다.

> **쏙싹 어휘력 더하기**
>
> 더위에 너무 오랫동안 있으면 몸이 열을 내보내지 못해 체온이 높아져 어지러움과 피로를 느껴요. 이런 열사병 증세를 가리켜 '더위 먹다'라고 해요. 그런데 한여름이 아닌데도 이상한 행동을 하는 사람을 보고 마치 더위 먹은 것처럼 보일 때 쓰는 말이에요.

➕ 쏙쏙 관용구 더하기

더위를 팔다
정월 보름날이 되면 아침 해 뜨기 전 만난 사람에게 더위팔기를 해요. 상대방을 불렀을 때 대답을 하면 "내 더위!"하고 소리쳐요. 그러면 그해 여름 자신의 더위가 상대에게 넘어가고 자신은 더위를 먹지 않게 된다고 믿는 풍습이에요.

쓱·싹 032 도마 위에 올려놓다

어떤 사물을 문제 삼아 비판하거나 논하다.

> ### ➕ 쓱싹 어휘력 더하기
>
> 생선이나 고기 등 재료를 손질하기 전에 도마 위에 올려놔야 해요. 도마 위에 올려진 재료는 요리하는 사람에 의해 다듬어져요. '도마 위에 올려놓다'는 마치 이야기 주제가 요리사에 의해 손질 당하는 재료처럼 보이는 것을 빗댄 말이에요.

➕ 쏙싹 관용구 더하기

도마 위에 오르다
어떤 주제를 비판하려고 일부러 이야기 꺼내는 것을 '도마 위에 올려놓다'라고 한다면, 비판의 대상이 되는 것을 '도마 위에 오르다'라고 해요.

떡이 생기다

뜻밖에 이익이 생기다.

> **쏙싹 어휘력 더하기**
>
> 옛날에는 곡식이나 음식이 귀했어요. 그래서 특별한 날이면 남은 곡식으로 떡을 해서 먹는 것이 큰 즐거움이었지요. '떡이 생기다'는 귀한 떡이 갑자기 생긴 것처럼 뜻밖에 이익이 생겼을 때 쓰는 표현이에요.

➕ 쏙싹 관용구 더하기

떡 먹듯

"거짓말을 떡 먹듯 한다."처럼 주로 하지 말아야 할 행동을 예사로 하는 모습을 가리켜 '떡 먹듯'이라는 표현을 쓰지요.

마음이 통하다

서로 생각이 같아 이해가 잘되다.

> **쓱싹 어휘력 더하기**
>
> '통하다'는 막힘이 없이 들고 나는 것을 표현하는 말이에요. '마음이 통하다'는 대화나 생각이 서로 잘 맞아서 막힘이 없는 상황을 나타내는 말이지요.

➕ 쏙쏙 관용구 더하기

마음이 돌아서다
가졌던 마음이 아주 달라지거나 반대로 틀어졌던 마음이 정상적인 상태가 되었을 때 쓰는 말이에요.

말을 삼키다

하려던 말을 그만두다.

> **쏙싹 어휘력 더하기**
>
> '삼키다'는 무엇을 입에 넣어서 목구멍으로 넘긴다는 뜻이 있어요. 웃음이나 눈물, 소리 따위를 억지로 참을 때도 쓰지요. '말을 삼키다'는 하고 싶었던 말을 참거나 그만둔다는 의미로 많이 써요.

➕ 쏙쏙 관용구 더하기

말할 것도 없다
"학생이 공부해야 하는 것은 말할 것도 없다."는 표현처럼 너무 당연한 일이라 일부러 말할 필요도 없다는 뜻으로 써요.

맥이 풀리다

기운이나 긴장이 풀어지다.

> **쓱싹 어휘력 더하기**
>
> 맥은 의학에서 심장 박동, 즉 심장에서 나오는 피가 동맥 벽에 닿아서 생기는 움직임을 뜻해요. '맥박'이라고도 하지요. 사람이 의식을 잃으면 손목이나 목 근처에 맥이 뛰는지 만져 봐요. 기운이 없거나 의식을 잃으면 맥이 뛰지 않고 풀려 있거든요.

➕ **쓱싹 관용구 더하기**

맥을 짚다
"범인이 무슨 생각을 하는지 맥을 짚기 위해 딴소리를 해 보았다."처럼 남의 속셈을 알아본다는 뜻으로 쓰여요.

머리가 굵다

어른처럼 생각하거나 판단하게 되다.

> **쓱싹 어휘력 더하기**
>
> 갓 태어난 아기 머리뼈는 말랑말랑하다가 성장하면서 단단하고 굵어져요. 커 가면서 점차 단단해지는 머리뼈를 보고, 어른처럼 생각한다는 뜻에 빗대어 '머리가 굵다'라고 표현해요. 주로 "머리가 굵어서 어른 말을 잘 듣지 않는다."처럼 부정적인 의미로 쓰이기도 해요.

➕ 쓱싹 관용구 더하기

머리가 크다
어른처럼 생각하거나 판단하게 되다는 의미의 '머리가 굵다'와 같은 표현이에요.

머리가 무겁다

기분이 좋지 않거나 골이 띵하다.

➕ 쓱싹 어휘력 더하기

무거운 것을 들면 팔다리도 아프고 몸이 축 처지는 기분이 들어요. 마찬가지로 고민이 많거나 실제로 머리가 아플 때는 머릿속에 무거운 것이 들어 있는 것처럼 기분이 좋지 않아요. 이럴 때 쓰는 표현이에요.

➕ 쏙싹 **관용구 더하기**

머리가 가볍다
"우울해서 산책을 했더니 한결 머리가 가벼워졌다."처럼 상쾌하여 마음이나 기분이 거뜬할 때 쓰는 말이에요.

머리를 맞대다

어떤 일을 의논하거나 결정하기 위해 서로 마주 대하다.

➕ 쓱싹 어휘력 더하기

'맞대다'는 서로 가깝게 마주 대한다는 뜻이에요. '머리를 맞대다'는 여러 사람이 의견이나 생각을 모을 때 서로 가까이 모여 얼굴을 마주 보고 얘기하는 것을 빗대어 표현한 말이에요.

지하 감옥에 갇힌 네 남매.

쏙쏙 관용구 더하기

머리를 쥐어짜다
"아무리 머리를 쥐어짜도 뾰족한 수가 생각나지 않는다."처럼 몹시 애를 써서 궁리해도 생각나지 않는다는 뜻이에요.

머리털이 곤두서다

무섭거나 놀라서 날카롭게 신경이 긴장되다.

> **쓱싹 어휘력 더하기**
>
> 머리에 난 털, 머리카락을 머리털이라고도 해요. 실제로 머리카락이 서는 일은 정전기가 일어날 때 외에는 없어요. 무서운 상황을 마주하거나 신경이 날카로워져서 머리카락까지 곤두설 만큼 예민해진 모습을 표현한 말이에요.

➕ 쓱싹 관용구 더하기

머리에 털 나고
"나는 머리에 털 나고 휴대전화를 써 본 적이 없다."와 같이 '세상에 태어난 순간부터 지금까지'라는 뜻이에요.

041 물 건너가다

일의 상황이 끝나 어떠한 조치를 할 수 없다.

➕ 쏙싹 어휘력 더하기

지금처럼 다리가 흔하지 않던 옛날에는 배를 타고 강이나 냇물을 건너가면, 다음 사람은 배가 되돌아올 때까지 물을 건널 수 없었어요. 이처럼 '물 건너가다'는 어떤 일이 이미 끝나 버린 상황을 빗대어 표현한 말이에요.

쏙싹 관용구 더하기

물 쓰듯
물을 틀었을 때 따로 받아 두지 않으면 콸콸 흘러가 버려요. 이처럼 물건을 헤프게 쓰거나 돈 따위를 흥청망청 낭비한다는 뜻을 나타내요.

물 만난 고기

어려운 지경*에서 벗어나 크게 활약할 판을 만난 처지를 이르는 말.

➕ 쏙쏙 어휘력 더하기

그물이나 낚싯바늘에 걸린 물고기는 살기 위해 온몸을 파닥거려요. 물고기한테 물이 없는 것은 목숨이 위태로울 만큼 어려운 환경에 놓인 것이지요. 그러다가 물속에 들어가면 다시 살아난 기쁨에 춤이라도 추듯 신나게 헤엄친답니다. 이처럼 어려운 처지에 놓였다가 자기가 잘할 수 있는 일을 하게 됐을 때 쓰는 말이에요.

*지경 : 나라나 지역 따위를 가르는 경계. 여기에서는 경우나 형편 따위를 나타냄.

+ 쓱싹 **관용구 더하기**

물에 물 탄 것 같다
아무 맛도 없는 물에 똑같이 맛 없는 물을 더해 봤자 맛이 느껴지지 않아요. 이처럼 아무 맛도 없고 싱거운 음식을 먹거나 상황에 처할 때 쓰는 말이에요.

쓱-싹- 043 물과 기름

서로 어울리지 못하여 겉도는 사이.

> **쓱싹 어휘력 더하기**
>
> 물과 기름은 분자 구조가 달라서 섞이지 못해요. 물은 극성 분자, 기름은 무극성 분자를 가지고 있거든요. 그래서 사이가 좋지 못하거나 잘 어울리지 못하는 관계를 보고 물과 기름 같은 사이라고 한답니다.

+ 쏙쏙 관용구 더하기

물과 불
물은 불을 끌 수 있고, 불은 물을 말릴 수 있어요. 이처럼 성질이 너무 달라서 맞서거나 아예 받아들이지 못한다는 뜻이에요. "우리 남매는 물과 불처럼 성격이 너무 달랐다."처럼 쓰이지요.

발 벗고 나서다

적극적으로 나서다.

> **쏙싹 어휘력 더하기**
>
> 친구나 가족한테 무슨 일이 생기면 빨리 돕고 싶은 마음에 신발이나 양말이 벗겨질 정도로 달려가게 돼요. 이처럼 어떤 일에 스스로 움직여 자기 일처럼 최선을 다할 때 쓰는 말이에요.

➕ 쓱싹 관용구 더하기

팔을 걷어붙이다
어떤 일에 적극적으로 임할 준비된 상태를 뜻해요. "범죄를 뿌리 뽑기 위해 경찰이 팔을 걷어붙였다."처럼 쓰이지요.

발이 넓다

사귀어 아는 사람이 많아 활동하는 범위가 넓다.

> **쏙싹 어휘력 더하기**
>
> 친구나 아는 사람이 많으면 여기저기 다닐 곳이 많아져요. 반대로 이곳저곳 많은 곳을 다니는 사람이 아는 사람도 많아질 확률이 높지요. 이처럼 여기저기 활동 범위가 넓어 아는 사람도 많을 때 쓰는 말이에요.

➕ 쏙쏙 관용구 더하기

발을 끊다
오가지 않거나 관계를 끊는다는 뜻이에요. "엄마와 삼촌은 사이가 좋지 않아 발을 끊었다."처럼 쓰여요.

쓱-싹- 046 발이 떨어지지 않다

애착, 미련, 근심, 걱정 따위로 마음이 놓이지 아니하여 선뜻 떠날 수가 없다.

➕ 쓱싹 어휘력 더하기

가기 싫지만 어쩔 수 없이 가야 할 때가 있어요. 그럴 때는 도저히 발걸음을 뗄 수가 없지요. 마음이나 상황 때문에 발이 땅에 붙기라도 한 것처럼 가지 못할 때 쓰는 말이에요.

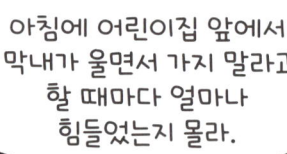

➕ 쓱싹 관용구 더하기

발이 내키지 않다

'내키다'는 하고 싶은 마음이 생긴다는 뜻이에요. 그런데 하고 싶은 마음이 생기지 않으면 발이 떨어지지 않거나 가기 싫어져요. 이처럼 마음에 내키지 않거나 서먹서먹해서 선뜻 행동에 옮겨지지 않는 모습을 나타내는 말이에요.

발이 손이 되도록 빌다

손만으로는 부족해서 발까지 동원할 정도로 간절히 빌다.

➕ 쏙쏙 어휘력 더하기

큰 잘못했을 때 손을 빌며 용서를 구해요. 그런데도 상대방의 화가 풀리지 않거나 잘못이 너무 클 때 발까지 빌 만큼 용서를 구한다는 뜻이에요.

➕ 쓱쓱 관용구 더하기

발을 뻗고 자다
고민이나 문제가 생기면 몸이 편하지 못해요. 또 문제를 해결하기 위해 여기저기 다녀야 하죠. 그러다 고민이나 문제가 해결되어 마음이 편해져서 잠도 편하게 잘 수 있게 된다는 뜻이에요.

배가 등에 붙다

먹은 것이 없어서 배가 홀쭉하고 몹시 허기지다.

> ➕ **쏙싹 어휘력 더하기**
>
> 먹을 것이 귀했던 옛날에는 사나흘을 굶는 사람도 많았어요. 사람이 오랫동안 굶게 되면 살이 빠지다 못해 배가 쏙 들어가게 돼요. 먹지 못해서 배가 거의 등에 붙을 정도로 배고플 때 '배가 등에 붙었다', '배가 등에 붙은 것 같다'라고 해요.

➕ 쏙싹 관용구 더하기

배가 남산만 하다
배가 불러 앞으로 나왔다는 뜻으로 임신부가 배부른 모습을 표현하는 말이에요. 또 되지 못하게 거만하고 떵떵거리는 사람을 놀리듯이 표현하는 말이기도 해요.

배가 아프다

남이 잘되어 심술이 나다.

> **쏙싹 어휘력 더하기**
>
> 다른 사람이 잘되면 괜히 질투나 심술이 나요. 이것을 '심보가 고약하다'라고 해요. 여기서 심보는 마음을 쓰는 속 바탕, 즉 나도 모르게 마음을 움직이게 하는 것을 말해요. 그래서 다른 사람이 잘되면 심보가 고약해지는 모습을 배가 아플 때 모습에 빗대어 표현한 말이에요.

➕ 쓱싹 관용구 더하기

배를 불리다
재물이나 이득을 많이 차지해 사리사욕*을 채운다는 뜻이에요. "나랏일을 하는 사람이 제 배만 불리기에 급급했다."와 같이 쓰이지요.

*사리사욕: 사사로운 이익과 욕심.

배에 기름이 끼다

살림이 넉넉하여지다.

> ➕ **쏙싹 어휘력 더하기**
>
> 옛날에는 잘사는 사람만 고기처럼 비싼 음식을 먹을 수 있었어요. 고기처럼 기름진 음식을 많이 먹으면 배가 나오는데, 이처럼 기름지고 맛있는 음식을 많이 먹을 수 있을 정도로 사는 형편이 넉넉한 사람을 보고 '배에 기름이 꼈다' 또는 '배에 기름이 오르다'라고 해요.

며칠 뒤

➕ 쏙쏙 관용구 더하기

배의 때를 벗다
"가난에서 벗어나 배의 때를 벗으니 얼굴이 환하게 피었다."처럼 어려웠던 형편이 나아져서 주리던 배를 채울 수 있게 됐다는 의미로 쓰여요.

벼락 맞을 소리

천벌을 받아 마땅할 만큼 당찮은 말.

> **쏙싹 어휘력 더하기**
>
> 벼락은 번개의 다른 말이에요. 벼락이 번쩍하고 빛나는 시간은 1/1000초로 1초도 안 되는 매우 짧은 시간이지요. 이렇게 짧은 시간 안에 벼락 맞을 확률은 매우 드물어요. 그럼에도 벼락을 맞을 소리를 한다는 건 신이 벌을 내릴 만큼 위험하고, 해선 안 될 말이라는 뜻이에요.

+ **쓱싹 관용구 더하기**

벼락을 맞다
"남의 눈에 피눈물 나게 하면 벼락을 맞는다."처럼 못된 짓을 하여 큰 벌을 받는다는 뜻으로 쓰이거나, 심하게 꾸중을 듣는다는 의미로 쓰여요.

빛을 발하다

제 능력이나 값어치를 드러내다.

> **쓱싹 어휘력 더하기**
>
> 빛은 태양이나 고온의 물질에서 나오는 일종의 전자기파예요. 또는 물체가 광선을 흡수하거나 반사해서 나타내는 빛깔이기도 하지요. 빛은 눈이 부시도록 환해서 희망이나 영광 따위를 비유하기도 해요.

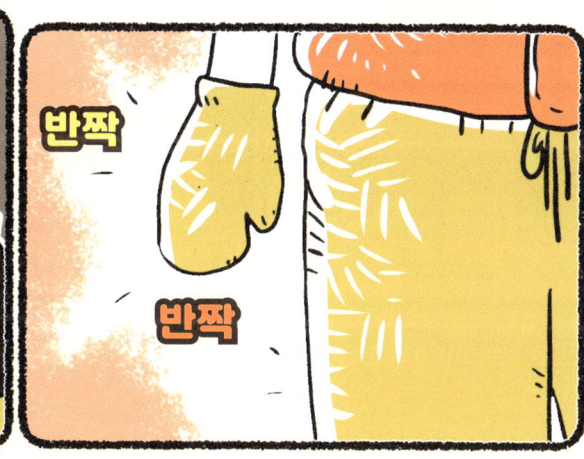

➕ 쓱싹 관용구 더하기

광을 치다

빛을 한자로 '광(光)'이라고 해요. '광을 치다'는 윤기를 내거나 사실보다 크게 떠벌려 허풍을 친다는 뜻으로 쓰여요.

빛을 보다

업적이나 보람 따위가 드러나다.

> ➕ **쏙싹 어휘력 더하기**
>
> '빛을 발하다'가 능력이나 값어치가 노력이나 행동의 결과를 나타낸다면, '빛을 보다'는 누군가의 도움이나 다른 요인 때문에 업적이나 보람 따위가 드러나는 모습을 나타내요. "그는 훌륭한 선생님을 만나 빛을 보게 되었다."처럼 쓰지요.

➕ 쓱싹 관용구 더하기

각광을 받다
각광은 무대 앞쪽 아래에서 배우를 비추는 조명이에요. 배우가 어두운 극장 안에서 조명을 받으면 그 배우만 보여요. 이처럼 어떤 현상이나 특정 사람에게 관심이나 흥미가 쏠릴 때 '각광을 받다'라고 해요.

상다리가 부러지다

상에 음식을 매우 많이 차려 놓다.

> **쏙싹 어휘력 더하기**
>
> 상에 붙어 있는 다리를 상다리라고 해요. 특별한 날이나 잔치를 할 때 상 위에 여러 가지 음식을 많이 차려 놓으면 상다리가 부러지거나 휘어질 것처럼 느껴져요. 실제로 상 가득 음식을 차리지 않았다고 해도 음식을 준비한 사람의 정성을 생각해 쓰는 말이기도 해요.

➕ 쏙쏙 관용구 더하기

음식 구경을 못 하다

물조차 마시지 못하고 완전히 굶었거나, 음식이 동나서 먹을 것이 부족한 상황을 표현하는 말이에요. "잔치라고 해서 갔는데 음식 구경을 못할 정도로 엉망이었다."처럼 써요.

생각이 꿀떡 같다

무엇을 하고 싶은 생각이 매우 간절하다.

> **쏙싹 어휘력 더하기**
>
> 옛날에는 꿀떡만큼 달달하고 맛있는 간식이 흔치 않았어요. 그래서 꿀떡을 한번 먹고 나면 계속 생각이 났지요. 이처럼 어떤 생각이 계속 떠오르고 간절할 때 써요. 발음이 잘못 전달돼서 '생각이 굴뚝 같다'라고 말하기도 하는데, '꿀떡 같다'가 맞는 표현이에요.

— 여행 못 간 지 너무 오래됐네…. 여행 가고 싶다~.
— 나도 여행 생각이 **꿀떡 같아**!
— 갑자기 웬 꿀떡?
— 어떤 생각이 간절할 때 쓰는 말인데

— 맛있는 꿀떡이 계속 생각나는 것을 빗댄 거지.
— 어? 나는 간절히 바라는 일이 있을 때 '생각이 굴뚝 같다'고 말하는데?
— 뜻은 둘 다 같아.

➕ 쏙싹 관용구 더하기

생각이 돌다

그때그때마다 생각이 잘 되거나 잘 떠오르는 모습을 빗댄 말이에요. "생각이 돌기 시작하자, 공부도 잘되었다."처럼 쓰지요.

손발이 맞다

함께 일을 하는 데에 마음이나 의견, 행동 방식 따위가 서로 맞다.

➕ 쓱싹 어휘력 더하기

둘이 무거운 짐을 옮길 때 손과 발이 딱딱 맞아야 짐을 떨어뜨리지 않고 잘 옮길 수 있어요. 이처럼 어떤 일을 하는 데 행동뿐만 아니라 마음이나 의견이 잘 맞는 모습을 가리켜 '손발이 맞다'라고 표현해요.

➕ **쏙싹 관용구 더하기**

손발을 맞추다
함께 일을 할 때 좋은 결과를 얻기 위해 일부러 마음이나 행동을 맞춘다는 뜻이에요.

손을 끊다

교제나 거래 따위를 중단하다.

> **쓱싹 어휘력 더하기**
>
> 교제는 서로 사귀어 가까이 지낸다는 뜻이에요. 처음 누군가를 알게 되면 악수를 하거나 손을 잡아요. 그런데 맺었던 관계를 끊으면 손도 놓게 되지요. 이처럼 누군가와 관계를 끊거나 어떤 일을 그만하는 모습을 빗대어 쓰는 말이에요.

+ 쏙싹 관용구 더하기

손을 맞잡다
'손을 끊다'와 반대로 서로 뜻을 같이 하여 긴밀하게 협력한다는 뜻이에요.

손을 내밀다

❶ 무엇을 달라고 요구하거나 구걸하다. ❷ 도움, 간섭 따위의 행위가 어떤 곳에 미치게 하다. ❸ 친하려고 나서다.

> **➕ 쓱싹 어휘력 더하기**
>
> 무엇을 달라고 할 때 손을 내밀지요? 이처럼 무언가를 요구하거나 구걸하는 모습 또는 반대로 누군가를 도와주는 모습을 빗대어 '손을 내밀다'라고 해요.

➕ 쓱싹 관용구 더하기

손을 걸다
친구와 약속을 할 때 새끼손가락을 걸어요. 이처럼 '손을 걸다'는 서로 약속한다는 뜻이에요. "친구와 싸우지 않기로 손을 걸었다."처럼 써요.

손을 떼다

❶ 하던 일을 그만두다. ❷ 하던 일을 끝마치고 다시 손대지 않는다.

> **쓱싹 어휘력 더하기**
>
> 어떤 일을 할 때 손을 대고 해요. 일을 멈추면 손을 떼지요. 이처럼 하던 일을 그만둘 때 모습을 빗대어 쓰는 말이에요. "게임에서 손을 뗐다.", "이 정도 속도라면 개학 전에 손을 뗄 수 있을 것 같다."처럼 써요.

➕ 쓱싹 관용구 더하기

손을 씻다
손에 더러운 것이 묻으면 얼른 씻어야 해요. 마찬가지로 찜찜한 일을 그만두거나 관계를 정리하는 모습을 손 씻는 모습에 빗댄 말이에요.

쓱-싹- 060 손이 맵다

❶ 손으로 슬쩍 때려도 몹시 아프다. ❷ 일하는 것이 빈틈없고 매우 야무지다.

➕ 쓱싹 어휘력 더하기

'맵다'는 맛을 느끼는 것이 아니라 온도나 통증 같은 자극이에요. 그래서 고추나 매운 김치를 먹고 느끼는 '매운맛'은 사실 혀가 알알해지는 통증이지요. '손이 맵다'는 살짝만 때려도 상대방이 몹시 아플 때 쓰는 말이에요. 또는 무언가를 야무지게 할 때도 쓰지요.

+ 쏙싹 관용구 더하기

손이 빠르다
달리기를 할 때 다리가 빠라질수록 결승점에 빨리 도착할 수 있는 것처럼 '손이 빠르다'는 일을 빨리 해낸다는 뜻이에요.

씨가 마르다

어떤 종류의 것이 모조리 없어지다.

> **쏙싹 어휘력 더하기**
>
> 씨는 식물 열매 속에 있는 물질로 싹이 터서 식물이 자랄 수 있게 해요. 만약 씨가 없으면 다시 자랄 수 없기 때문에 씨가 없는 식물은 사라지고 말아요. 이처럼 무엇이 거의 사라졌거나 아예 사라졌을 때 '씨가 마르다'라고 하고, 일부러 모조리 없앨 때는 '씨를 말리다'라고 해요.

➕ 쏙싹 관용구 더하기

씨도 남기지 않다
"음식을 씨도 남기지 않고 다 먹었다."처럼 아무것도 남아 있지 않을 때 쓰는 말이에요.

씨도 먹히지 않다

제기한 방법이나 의견이 받아들여지지 않다.

> **쏙싹 어휘력 더하기**
>
> 일단 씨를 땅에 심기만 하면 식물이 자랄 기회가 생겨요. 하지만 씨가 없으면 기회조차 없지요. 이처럼 어떤 방법이나 의견을 내밀었는데 받아들여지지 않았을 때 쓰는 말이에요. "엄마에게 게임기를 사 달라고 졸랐지만 씨도 먹히지 않았다."처럼 쓰여요.

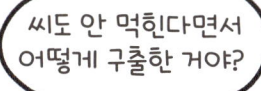
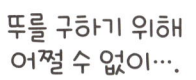

➕ 쏙싹 관용구 더하기

씨가 먹다
말이나 행동이 조리에 맞고 실속이 있다는 뜻이에요. "다른 사람을 설득하려면 씨가 먹게 해야 해."처럼 쓰여요.

아귀가 맞다

❶ 앞뒤가 빈틈없이 들어맞다. ❷ 일정한 수량 따위가 들어맞다.

➕ 쏙쏙 어휘력 더하기

아귀는 사물의 갈라진 부분 또는 두루마기나 속곳의 옆을 터 놓은 구멍을 뜻해요. 씨앗이나 줄기에 싹이 트는 곳도 아귀예요. "장식장 문짝의 아귀가 잘 맞지 않는지 여닫을 때마다 삐걱거린다."처럼 쓰여요.

➕ 쏙싹 관용구 더하기

아귀가 크다
벌어진 틈이 크면 어떻게 될까요? 무엇이든 잘 새어 나가겠지요? 돈이나 물건을 다루는 씀씀이가 넉넉하다는 뜻으로 쓰여요.

애가 쓰이다

안타까운 마음이 쓰이다.

> **쓱싹 어휘력 더하기**
>
> 옛날에는 몸속 장기를 '애'라고 했고, 요즘은 초조한 마음속을 나타내는 말로 자리 잡았어요. '애가 쓰이다'는 마음속 깊은 곳까지 자극이 될 정도로 안타까운 마음을 나타낼 때 쓰는 말이에요. 또는 "엄마가 병간호를 하느라 몹시 애 쓰셨다."처럼 수고를 나타내기도 해요.

➕ 쏙쏙 관용구 더하기

애가 마르다
몹시 안타깝고 초조하다 못해 속이 상하다는 뜻이에요. "정든 강아지 얼굴이 눈앞에 어른거려서 애가 말랐다."처럼 쓰여요.

양다리를 걸치다

양쪽에서 이익을 보려고 두 편에 다 관계를 가지다.

> **쓱싹 어휘력 더하기**
>
> 어떤 일이나 관계에서 이득을 보기 위해 양쪽에 다리를 걸치고 있는 모습을 비유한 말이에요. 보통 연인 사이에서 한 명이 두 사람을 사귈 때 쓰는 말이지요. 또는 만약의 경우를 대비해 양쪽에 투자를 할 때도 "양다리를 걸치고 있었다."처럼 쓰여요.

➕ 쓱싹 관용구 더하기

본전도 못 찾다

'본전도 못 찾다'는 일한 결과가 좋기는커녕 오히려 하지 않았을 때보다 안 좋아졌다는 뜻이에요. 양다리를 걸쳤다가 들통이 나서 모든 관계가 깨졌을 때 "본전도 못 찾았다."라고 쓸 수 있어요.

066 어깨가 무겁다

무거운 책임을 져서 마음에 부담이 크다.

➕ 쏙싹 어휘력 더하기

무거운 가방을 메면 어깨가 무거워서 움직이기도 힘들고, 어깨가 뻐근해요. 마찬가지로 어떤 큰일을 맡아 책임감 때문에 마음이 무거워질 때가 있어요. 어깨에 무거운 것을 멘 사람처럼 책임감이 커서 마음의 부담을 느끼는 모습을 가리키는 말이에요.

쏙쏙 관용구 더하기

어깨가 가볍다
'어깨가 무겁다'와 반대로 책임에서 벗어나 마음이 홀가분할 때 쓰는 표현이에요. "반장 임기가 끝나서 어깨가 가벼웠다."처럼 쓰여요.

어깨가 올라가다

칭찬을 받거나 하여 기분이 으쓱해지다.

쓱싹 어휘력 더하기

칭찬을 받거나 기분이 좋으면 어깨가 으쓱으쓱해요. 기분이 좋아서 어깨가 한껏 으쓱해진 모습을 가리켜 '어깨가 올라가다'라고 해요.

+ 쏙싹 관용구 더하기

어깨가 처지다
어깨가 올라가는 것과 반대로 마음이 좋지 않거나 낙심해 풀이 죽고 기가 꺾인 모습을 표현하는 말이에요.

어깨를 나란히 하다

❶ 나란히 서거나 나란히 서서 걷다. ❷ 서로 비슷한 지위나 힘을 가지다.

➕ 쏙싹 어휘력 더하기

누군가 옆에 바로 서면 어깨가 나란히 붙게 돼요. 이처럼 누군가와 나란히 서서 걸을 때 쓰는 말이기도 하고, 누군가와 비슷한 위치에 있거나 그와 같은 힘을 가졌을 때 쓰는 말이기도 해요. "세계 각국 정상이 어깨를 나란히 했다."처럼 쓰이지요.

➕ 쏙싹 관용구 더하기

어깨를 견주다
'어깨를 나란히 하다'와 비슷한 의미로 '어깨를 견주다'와 '어깨를 같이하다'라는 관용구가 있어요.

어깨에 힘이 들어가다

거만한 태도를 취하게 되다.

> **쓱싹 어휘력 더하기**
>
> 당당한 사람은 어깨를 쫙 펴요. 그런데 당당하다 못해 거만한 사람은 어깨에 힘이 들어가 거들먹거려요. '거만'은 잘난 체하며 남을 업신여긴다는 뜻이에요. "시험에 합격했다고 어깨에 너무 힘이 들어갔다."처럼 쓰여요.

➕ **쏙싹 관용구 더하기**

어깨를 펴다
자신감 있는 사람은 어깨를 쫙 펴고 바른 자세를 가져요. 굽힐 것 없이 당당한 모습을 나타낼 때 쓰는 말이에요.

얼굴에 씌어 있다

감정, 기분 따위가 얼굴에 나타나다.

➕ 쏙싹 어휘력 더하기

슬픔, 기쁨 등 사람의 마음은 표정으로 다 드러나요. 마치 얼굴에 그 표정이 씌어 있는 것처럼 말이에요. "네가 불편해하는 것이 얼굴에 씌어 있다."처럼 쓴답니다.

+ 쏙쏙 **관용구 더하기**

얼굴만 쳐다보다
누군가에게 바라는 것이 있을 때 그 사람 얼굴을 쳐다보게 돼요. 이처럼 남의 도움을 기대하고 눈치를 보거나 비위를 맞춘다는 뜻이에요. 아무 대책 없이 서로에게 기대기만 할 때 쓰기도 하지요.

071 엉덩이가 근질근질하다

한군데 가만히 앉아 있지 못하고 자꾸 일어나 움직이고 싶어 하다.

➕ 쏙싹 어휘력 더하기

엉덩이가 간지러우면 자꾸 긁게 되고, 가만히 있지 못하게 되지요? '엉덩이가 근질근질하다'는 의자에 앉아 집중하지 못하고 자꾸만 엉덩이를 들썩이는 모습을 빗댄 말이에요.

쏙싹 관용구 더하기

엉덩이가 구리다
방귀를 뀌어 구린내가 난다는 뜻으로, 잘못을 저지른 사람을 가리킬 때 쓰는 말이에요. "그 사람은 평소에도 엉덩이가 구린지 거짓말을 늘어놓고 다녔다."처럼 쓰여요.

엉덩이가 무겁다

한번 자리를 잡고 앉으면 좀처럼 일어나지 아니하다.

> ➕ **쏙싹 어휘력 더하기**
>
> 공부를 잘하려면 책상에 오래 앉아 있는 끈기와 집중력이 필요해요. 마치 엉덩이가 무거운 사람처럼 말이에요. '엉덩이가 무겁다'는 어떤 일에 집중하거나 한 가지 일을 오래 하는 사람을 가리키는 말이에요.

➕ 쏙쏙 관용구 더하기

엉덩이가 가볍다
한자리에 오래 머물지 못하고 바로 자리를 뜬다는 뜻이에요. "동생은 온 동네를 쉬지 않고 돌아다닐 만큼 엉덩이가 가벼웠다."처럼 쓰여요.

입만 살다

❶ 말에 따르는 행동은 없으면서 말만 그럴듯하게 잘하다. ❷ 격에 맞지 아니하게 음식을 가려 먹다.

> ➕ **쏙싹 어휘력 더하기**
>
> 말을 유난히 잘하는 사람이 있어요. 자신이 내뱉은 말처럼 행동하면 언행일치(言行一致)가 되는 사람이에요. 하지만 말만 번지르르하게 잘하고 행동하지 않거나, 말과 다른 행동을 하는 사람을 가리켜 '입만 살다'라고 해요.

➕ 쓱싹 관용구 더하기

입을 막다

입을 막으면, 더 이상 소리나 의견을 낼 수 없어요. '입을 막다'는 시끄러운 소리나 자기에게 불리한 말을 하지 못하게 할 때 쓰는 말이에요. "증인의 입을 막으려고 뇌물을 주었다."처럼 쓰여요.

입술에 침 바른 소리

겉만 번지르르하게 꾸미어 듣기 좋게 하는 말.

> **쓱싹 어휘력 더하기**
>
> 마음에 없는 말을 하면 입술이 바싹 마르기 때문에 침을 묻히게 되죠. 입술에 침을 바르면 어떻게 될까요? 반짝반짝 번지르르해져요. 이처럼 '입술에 침 바른 소리'는 다른 사람의 호감이나 환심을 얻기 위해 실속 없이 겉만 번지르르하게 꾸며 말한다는 뜻이에요.

➕ 쏙쏙 관용구 더하기

입에 발리다

'입에 침 바른 소리'는 상대방의 기분과 상관없이 말만 번지르르 늘어놓는 모습이에요. 반면 '입에 발리다'는 상대방의 기분과 비위를 맞추기 위해 아부한다는 뜻이랍니다.

입술을 깨물다

❶ 북받치는 감정을 힘껏 참다. ❷ 어떤 결의를 굳게 하다.

➕ 쏙싹 어휘력 더하기

슬픔이나 억울함, 화남이 마음속 깊은 곳에서 치밀어 오르면 소리를 지르고 싶거나 눈물이 나려고 해요. 그런 마음을 꾹 참을 때 소리가 새어 나오지 않게 입술을 막으려고 깨물게 되지요. 힘든 감정을 애써 참거나, 어떤 결심을 굳게 할 때 쓰는 말이에요.

➕ 쏙쏙 관용구 더하기

열을 올리다
'입술을 깨물다'와 반대로 어떤 감정을 그대로 드러내거나 어떤 일에 열성을 다해 기세를 높인다는 뜻을 표현할 때 쓰는 말이에요.

076 입에 거미줄 치다

가난하여 먹지 못하고 오랫동안 굶다.

> **쏙싹 어휘력 더하기**
>
> 사람이 잘 드나들지 않는 곳, 허름한 곳에는 거미가 살기 좋아 거미줄을 치곤 해요. '입에 거미줄 치다'는 거미가 거미줄을 칠 정도로 음식을 먹어야 할 입에 음식물이 들어오지 못하는 상태를 말해요. 즉 오랫동안 굶었다는 뜻이에요.

➕ 쓱싹 관용구 더하기

입에 풀칠하다
쌀가루나 밀가루 따위에 물을 섞으면 전분질에서 끈끈한 물이 생겨요. 주로 종이를 붙이는 데 썼는데, 먹을 것이 너무 없던 옛날에는 이 풀을 먹기도 했지요. 제대로 먹지 못할 정도로 가난한 모습을 표현한 말이에요.

입에 자물쇠를 채우다

말하지 않다.

> **쏙싹 어휘력 더하기**
>
> 자물쇠는 여닫게 되어 있는 물건을 잠그는 장치예요. 요즘은 디지털 도어락이 흔하지만 아주 옛날부터 대문이나 중요한 물건을 담는 보관함에는 묵직한 자물쇠를 썼어요. '입에 자물쇠를 채우다'는 마치 입에 자물쇠를 채운 것처럼 꽉 닫고 아무 말도 하지 않는 모습을 나타내요.

➕ 쏙싹 관용구 더하기

입 밖에 내다
어떤 생각이나 사실을 말로 드러낸다는 뜻으로 "이 이야기는 절대 입 밖에 내선 안 돼."처럼 쓰여요.

입에 침이 마르다

다른 사람이나 물건에 대하여 거듭해서 말하다.

> ➕ **쏙싹 어휘력 더하기**
>
> 말을 많이 하면 침이 말라요. 다른 사람이나 물건에 대해 거듭해서 말할 때 '입에 침이 마르다', '침이 마르다'라고 해요. "할아버지께서 대학에 합격한 사촌 형의 칭찬을 입에 침이 마르도록 하셨다."처럼 쓰지요.

쏙싹 **관용구 더하기**

입에 붙다
아주 익숙하여 버릇이 된다는 뜻이에요. 어떤 말을 자꾸 하다 보면 말을 입에 붙인 것처럼 계속 새어 나와요. "아빠는 피곤하다는 말이 입에 붙었다."처럼 쓰인답니다.

쓱-싹- 079 입을 모으다

여러 사람이 같은 의견을 말하다.

➕ 쓱싹 어휘력 더하기

어떤 일을 의논하거나 결정하기 위해 서로 마주 대하는 모습을 가리켜 '머리를 맞대다'라고 해요. 이와 비슷하게 여러 사람이 같은 의견을 말할 때 '입을 모으다'라고 해요. 많은 사람이 한쪽에 모여 같은 소리를 내면 훨씬 전달이 잘 되겠지요? 그래서 "의사들은 흡연이 건강을 해친다고 입을 모아 이야기한다."처럼 쓴답니다.

쏙쏙 관용구 더하기

입을 맞추다

'입을 모으다'는 여러 사람이 한 가지 의견을 주장하는 것이에요. 반면 '입을 맞추다'는 서로의 말이 같도록 일부러 말을 맞춘다는 뜻이에요. "우리의 잘못을 들키지 않으려면 미리 입을 맞춰야 해."처럼 쓰인답니다.

입이 심심하다

배가 출출하여 무엇이 먹고 싶다.

> **쓱싹 어휘력 더하기**
>
> 딱히 무언가를 하고 싶은 것은 아니지만 가만히 있으면 몸이 근질근질하고 심심할 때가 있지요? 마찬가지로 무언가 딱히 먹고 싶은 것은 아니지만 배가 살짝 출출해서 음식을 먹고 싶은 상태를 나타내는 말이에요.

➕ 쓱싹 관용구 더하기

입이 달다
입맛이 당기어 어떤 음식을 먹더라도 단맛이 나는 것처럼 맛있다는 뜻이에요. "살이 찌려는지 입이 달아서 자꾸 먹게 된다."처럼 쓰여요.

자취를 감추다

❶ 남이 모르게 어디로 가거나 숨다. ❷ 어떤 사물이나 현상 따위가 없어지거나 바뀌다.

> **➕ 쓱싹 어휘력 더하기**
>
> 자취는 어떤 것이 남긴 표시나 자리를 뜻하는 말이에요. 자신의 흔적이나 있었던 자리를 감춘다는 것은 누군가한테 들키지 않기 위해 일부러 사라졌다는 뜻이 돼요. 또는 어떤 물건이나 현상이 다른 것에 밀려 없어지거나 바뀌었다는 뜻이 되기도 하지요.

➕ 쏙싹 관용구 더하기

자리가 나다
'자리'는 어떤 사람이 앉는 공간을 뜻하기도 하지만, 일에서는 어떤 사람이 일해야 할 몫이나 지위를 뜻하기도 해요. '자리가 나다'는 일한 성과가 확실히 나타난다는 뜻이랍니다.

줄행랑을 놓다

낌새를 채고 피하여 달아나다.

> **쏙싹 어휘력 더하기**
>
> 대문 좌우로 죽 벌여 있는 하인의 방을 줄행랑이라고 해요. 줄행랑이 있을 정도면 엄청난 부잣집이었어요. 그런데 부잣집이 급격히 망하면 부자들이 집을 두고 도망갔지요. 이를 본 사람들은 부자들이 급히 도망가는 모습을 보고 '줄행랑을 놓다'고 말하게 됐어요.

➕ 쏙싹 관용구 더하기

꽁무니 빠지게
몹시 빨리 도망치거나 달아나는 모습을 가리키는 말이에요. "악당이 불에 덴 것처럼 놀라 꽁무니 빠지게 달아나 버렸다."처럼 쓰여요.

침 발라 놓다

자기 소유임을 표시하다.

> **쏙싹 어휘력 더하기**
>
> 음식을 먹을 때 음식에 침이 묻거나 고여요. 침이 묻은 음식은 위생상 다른 사람이 먹지 않는 것이 좋아요. 그런데 일부러 침을 발라 놓아 다른 사람이 먹지 못하게 하는 것은 내 것이니 먹지 말라고 미리 경고하는 것과 같아요. 이처럼 내 것임을 표시할 때 쓰는 말이랍니다.

➕ 쏙싹 관용구 더하기

침을 뱉다
아주 치사하게 생각하거나 더럽게 여겨 돌아보지 않을 정도로 멸시한다는 뜻이에요. "침을 뱉고 싶을 정도로 싫은 사람이었다."처럼 쓰여요.

침을 삼키다

❶ 음식 따위를 몹시 먹고 싶어 하다. ❷ 자기 소유로 하고자 몹시 탐내다.

➕ 쓱싹 어휘력 더하기

맛있는 음식을 보면 입에 침이 많이 고여서 삼키게 돼요. 그런데 몹시 먹고 싶은 음식을 눈앞에 두고 먹지 못한다면 계속해서 나오는 침을 흘리거나 삼켜야 해요. 마찬가지로 갖고 싶은 물건이 있어서 탐나거나 당장 갖지 못할 때도 '침을 삼킨다'라고 해요.

➕ 쏙싹 관용구 더하기

침이 마르다

"자식 자랑에 침이 마르다."처럼 다른 사람이나 물건에 대해 거듭해서 말한다는 뜻으로, '입에 침이 마르다'와 같은 뜻이에요.

코가 꿰이다

약점이 잡히다.

➕ 쏙싹 어휘력 더하기

옛날에는 소를 길들이기 위해 송아지에서 갓 벗어난 소의 코청*을 뚫고 코뚜레*를 꿰었어요. 그러고는 코뚜레에 농기구를 달았지요. '코가 꿰이다'는 코뚜레가 꿰이면 꼼짝없이 일을 하는 소의 모습처럼 무언가 약점이 잡혀 꼼짝하지 못할 때 쓰는 표현이에요.

*코청: 두 콧구멍 사이를 막고 있는 얇은 막. *코뚜레: 소의 코청을 꿰뚫어 끼는 나무 고리.

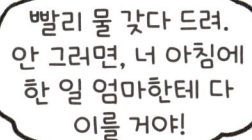

➕ 쏙싹 관용구 더하기

코가 빠지다
근심에 싸여 기가 죽고 맥이 빠진다는 뜻으로 "학생들이 모두 코가 빠져 좀처럼 공부에 집중하지 못했다."처럼 써요.

코가 납작해지다

몹시 무안을 당하거나 기가 죽어 위신이 뚝 떨어지다.

➕ 쏙싹 어휘력 더하기

잘난 체하고 뽐내는 사람더러 '코가 높다'고 해요. 코는 얼굴에서 가장 높기 때문에 자존심을 뜻하지요. 반대로 다른 사람에 의해, 또는 어떤 상황 때문에 자존심이 상할 정도로 무안해지면 '코가 납작해졌다'라고 한답니다.

➕ 쓱싹 관용구 더하기

코가 땅에 닿다
어려운 어른이나 높은 사람한테 허리를 숙여 인사를 하면 코가 아래를 향하게 되어 있어요. 그만큼 머리를 깊이 숙인다는 뜻이에요. "코가 땅에 닿도록 절을 했다."처럼 쓰여요.

087 콧대가 높다

잘난 체하고 뽐내는 태도가 있다.

> **쓱싹 어휘력 더하기**
>
> 콧대는 콧등의 우뚝한 줄기로, 얼굴에서 높이 솟아오른 신체 기관 가운데 하나예요. 그래서 사람의 높은 자존심이나 우쭐함 또는 거만한 태도를 비유하는 말로 쓰이기도 해요. 가만히 있어도 높은 콧대가 더 높다면 무척 잘난 체한다는 뜻이 되지요.

쏙싹 관용구 더하기

콧대를 낮추다
'콧대가 높다'와 반대로 자만심이나 자존심을 한풀 꺾을 때 쓰는 표현이에요. "콧대 높던 친구가 콧대를 낮추고 1등 한 친구를 축하해 주었다."처럼 쓰여요.

쓱·싹 088 하늘과 땅

둘 사이에 큰 차이나 거리가 있음을 비유적으로 이르는 말.

> **쓱싹 어휘력 더하기**
>
> 땅에서 하늘까지는 얼마나 높을까요? 구름이 떠 있는 대류권은 땅에서 시작해 10킬로미터부터 시작돼요. 그 위로 쭉 하늘과 우주가 펼쳐지지요. 옛날 사람들이 보기에 하늘은 닿을 수도, 갈 수도 없는 무척 높은 곳이었어요. 그만큼 하늘과 땅은 엄청난 차이가 있다는 뜻이랍니다.

➕ 쏙쏙 관용구 더하기

하늘 높은 줄 모르다
하늘은 사람이 닿기에는 무척 높은 곳에 있어요. 하늘이 높은 줄 모른다는 건 자신이 어떤 처지에 있는지 모른다는 뜻이에요.

하늘에 닿다

무엇이 매우 크거나 높거나 많다.

> **쓱싹 어휘력 더하기**
>
> 하늘은 자연을 뜻하기도 하지만, 인간이 닿을 수 없는 존재나 신을 말하기도 해요. 우리나라에서 신을 표현할 때 '하느님'이라고 하는 것도 '하늘에 있는 창조주'인 '하늘님'을 뜻하지요. 그래서 '하늘에 닿다'는 간절한 바람이 신에게 닿을 만큼 커다랗다는 뜻이에요.

며칠 전

➕ 쏙싹 관용구 더하기

하늘에 맡기다
운명에 따른다는 뜻으로 어떤 일이 사람의 노력으로 되지 않을 때 신에게 맡기자는 뜻이에요. "병원에서는 더 이상 손쓸 수가 없다며 하늘에 맡기자고 했다."처럼 쓰여요.

하늘을 지붕 삼다

❶ 한데서 기거하다. ❷ 정처 없이 떠돌아다니다.

> **쏙싹 어휘력 더하기**
>
> 바깥에서 자거나, 정처 없이 떠돌아다니는 사람을 보고 쓰는 말이에요. '한데'는 막혀 있지 않은 곳을 말하는데 집의 지붕 대신 하늘을 지붕처럼 여긴다는 건 바깥에 있다는 뜻이지요. "집을 나와 갈 곳이 없자 하늘을 지붕 삼아 잠을 청했다."처럼 써요.

조선 시대

➕ 쏙싹 관용구 더하기

하늘이 새다
천장에 물이 고이면 물이 샐 때가 있어요. 이처럼 비가 너무 많이 올 때 마치 하늘에 고였던 물이 새는 것처럼 '하늘이 샌다'고 표현해요.

하늘을 찌르다

❶ 매우 높이 솟다. ❷ 기세가 몹시 세차다.

> **➕ 쏙싹 어휘력 더하기**
>
> "빌딩이 하늘을 찌르듯 높이 솟아 있었다."처럼 엄청 높은 건물이나 자연을 표현할 때 써요. 또는 사람의 의지나 소리, 태도 등이 굳세고 꼿꼿할 때도 쓰는 표현이에요.

다들 아는 노래니까 어렵지 않을 거야! 시작해 보자~!

아~ 리랑.

아니지, 아니지! 소리가 너무 작아.
다들 왜 이렇게 힘이 없어? 어디 아프니?
아뇨.

우리 **하늘을 찌르도록** 크게 한번 불러 보자!
하늘을 어떻게 찔러요?

하늘을 찌를 것처럼 기세 좋게, 세차게 불러 보자는 뜻이야!
네! 알겠어요!

➕ 쏙쏙 관용구 더하기

하늘이 두 쪽 나도
하늘이 반으로 쪼개지면 천재지변처럼 큰 재앙이 되겠지요? '하늘이 두 쪽 나도'는 하늘이 반으로 나뉘어도 안 된다는 뜻으로 많이 쓰여요.

하늘이 노랗다

❶ 지나친 과로나 상심으로 기력이 몹시 쇠하다. ❷ 큰 충격을 받아 정신이 아찔하다.

➕ 쏙싹 어휘력 더하기

하늘은 대체로 파랗다고 표현해요. 노을 질 때는 붉다고 표현하지요. 하늘이 노랗게 보이는 경우는 그만큼 이상하고 드문 일이에요. "좋아하는 가수가 은퇴를 하다니, 하늘이 노랗다." 처럼 쓰여요.

➕ 쏙싹 관용구 더하기

하늘이 캄캄하다
큰 충격을 받아 정신이 아찔하다는 뜻으로 '하늘이 노랗다'의 두 번째 뜻과 같은 표현이에요.

한숨 돌리다

힘겨운 고비를 넘기고 좀 여유를 갖다.

> **쏙싹 어휘력 더하기**
>
> 한숨은 숨을 한 번 쉴 동안을 뜻해요. 그만큼 매우 짧은 시간이라 잠깐 동안 휴식을 일컫는 말이기도 하지요. '한숨 돌리다'는 힘겨운 고비를 넘겨 이제 좀 숨을 쉴 시간이 생겼다는 뜻이에요.

➕ 쏙싹 관용구 더하기

한숨 놓이다
마음을 졸이고 있으면 숨조차 제대로 쉬어지지 않아요. 그러다 마음 졸일 일이나 힘겨운 고비에서 벗어나게 되면 마음도 놓이고, 숨통도 트여요. 이처럼 마음 졸였던 일이나 고비로부터 벗어났을 때 쓰는 말이에요.

해가 서쪽에서 뜨다

전혀 예상 밖의 일이나 절대로 있을 수 없는 희한한 일을 하려고 하거나 하였을 경우를 비유적으로 이르는 말.

➕ 쓱싹 어휘력 더하기

우리나라에서는 해가 동쪽에서 솟았다가 서쪽으로 지는 것처럼 보여요. 그러니 해가 서쪽에서 뜰 일은 없어요. 그만큼 절대 일어날 수 없는 일이 일어났을 때 쓰는 표현이에요.

쏙싹 관용구 더하기

해와 달이 바뀌다
해와 달이 바뀐다는 건 하루가 지나 시간이 흐른다는 뜻이에요. "해와 달이 바뀌어도 나는 예전 동네에 살고 있다."처럼 세월이 많이 흘렀을 때 쓰는 표현이에요.

쓱·싹 095 허리가 휘다

감당하기 어려운 일을 하느라 힘이 부치다.

➕ 쓱싹 어휘력 더하기

무거운 물건을 많이 들면 자연스럽게 허리를 펼 수 없게 돼요. 이처럼 어떤 일이 너무 많아 감당하기 어려울 때 '허리가 휘다' 또는 '허리가 휘어지다'라고 해요.

➕ 쓱싹 관용구 더하기

허리가 부러지다

감당하기 어려운 일 때문에 힘이 들다 못해 도저히 견딜 수 없을 만큼 어려운 지경이 되었을 때 쓰는 표현이에요. 또는 당당한 기세가 꺾여 어떤 일을 전혀 할 수 없을 때도 '허리가 부러지다' 라고 해요.

허리를 굽히다

❶ 남에게 겸손한 태도를 취하다. ❷ 정중히 인사하다. ❸ 남에게 굴복하다.

➕ 쓱싹 어휘력 더하기

어른한테 인사할 때는 허리를 굽혀서 인사하는 것이 기본 인사법이에요. 그만큼 상대방에게 자신을 낮춘다는 뜻이지요. '허리를 굽히다'는 상대방에게 겸손한 태도를 보일 때 쓰는 말이에요. 어쩔 수 없이 상대방에게 굽혀야 할 때도 '허리를 굽혔다'라고 쓰지요.

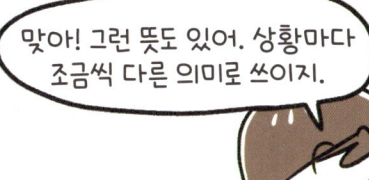

➕ 쏙쏙 관용구 더하기

허리가 꼿꼿하다
젊었을 때는 허리가 꼿꼿하지만 나이가 들수록 허리가 굽어요. 그래서 관리를 잘하고 자세가 올곧은 노인에게 '허리가 꼿꼿하다'는 뜻은 나이에 비해 젊다는 뜻이에요.

화가 머리끝까지 나다

극도로 화가 나다.

> **쓱싹 어휘력 더하기**
>
> 발끝에서 머리끝은 온몸을 가리켜요. '화가 머리끝까지 나다'는 화가 머리끝까지 가득 찰 정도로 몹시 언짢고 기분이 나쁘다는 뜻이지요. "경찰이 나쁜 짓을 저지른 범인 때문에 화가 머리끝까지 났다."처럼 쓰여요. '화가 머리끝까지 치밀다'라고도 해요.

➕ 쏙쏙 관용구 더하기

화가 동하다
화를 참고 있는데 다른 사람으로 인해 더 이상 참지 못하고 화를 낸다는 뜻이에요. "친구가 놀려서 속상한 가운데 다른 친구가 거드는 바람에 화가 동했다."처럼 쓰여요.

쓱-싹- 098 화를 끓이다

화를 시원하게 풀지 못하고 혼자 끙끙거리다.

➕ 쓱싹 어휘력 더하기

냄비에 물을 넣은 다음 뚜껑을 닫고 끓이면 물이 뚜껑 아래서 끓어요. 이처럼 화를 풀지 못하고 혼자 마음속에 담아 끙끙거리는 모습을 빗댄 말이에요. 물이 끓을 때 불을 끄지 않거나 뚜껑을 열지 않으면 결국 물이 끓어 넘치는 것처럼 화를 제대로 풀지 못하면 병이 돼요.

ㄱㄴㄷㄹㅁㅂㅅㅇㅈㅊㅋㅌㅍㅎ

오빠가 공부를 열심히 했는데도 점수가 너무 안 나와서 자기 자신에게 화가 난다고 했어요!

점수가 어떻게 나왔는데?

국어 20점, 수학 10점, 과학 15점, 사회 30점이래요!

뭐어! 그게 점수야?

엄마까지 화내지 마세요. 지금 오빠는 자기한테 화난 것만으로도 힘들 거예요!

흠…. 그래. 엄마까지 화내면 안 되겠다….

엄마가 화 안 낸대. 3천 원 잊지 마!

응응! 고마워!

션아, 이제 좀 괜찮니?

그게….

아직도 제 자신한테 화가 나요! 으~ 화가 난다~!

저거 괜찮은 방법 같네?

➕ 쏙싹 관용구 더하기

화가 뜨다

노여워서 분이 치밀어 오른다는 뜻으로, "옆집 아주머니는 자신의 아들이 다른 집 아들과 비교당해서 화가 떴다."처럼 써요.

화통을 삶아 먹다

목소리가 크다.

> **쓱싹 어휘력 더하기**
>
> 화통은 기차, 기선, 공장 따위의 굴뚝을 말해요. 특히 기차 화통은 연기를 내뿜을 때 소리도 엄청 크게 나요. '화통을 삶아 먹다'는 소리가 큰 기차 화통을 삶아 먹은 듯 목소리가 크다는 뜻이에요.

➕ 쏙싹 관용구 더하기

목소리를 곤두세우다
'곤두서다'는 거꾸로 꼿꼿이 서다라는 뜻도 있지만 신경 따위가 날카롭게 긴장하다는 뜻도 있어요. '목소리를 곤두세우다'는 신경질이 나서 목소리를 크게 해 소리친다는 뜻이에요.

희망의 등대

앞날에 대한 희망을 주는 마음의 기둥이나 지탱점을 비유적으로 이르는 말.

> ➕ **쓱싹 어휘력 더하기**
>
> 등대는 어두운 밤바다를 다니는 배한테 길을 밝혀 주는 역할을 해요. '희망의 등대'는 누군가에게 희망을 주는 등대가 되어 앞날을 환하게 비춰 준다는 뜻이에요.

➕ 쓱싹 관용구 더하기

바다와 같다
바다는 크기를 재기 힘들 만큼 넓고 깊어요. '바다와 같다'는 바다만큼 무언가가 매우 넓고 깊다는 뜻이지요. "바다와 같은 부모님의 사랑 덕에 행복하다."처럼 써요.

초판 1쇄 발행 2024년 6월 17일

지은이 인호빵
펴낸이 김영조
편집 김시연 | **디자인** 이병옥 | **마케팅** 김민수, 조애리 | **제작** 김경묵 | **경영지원** 정은진
펴낸곳 싸이클 | **주소** 서울시 마포구 양화로7길 44, 3층
전화 (02)335-0385/0399 | **팩스** (02)335-0397
이메일 cypressbook1@naver.com | **홈페이지** www.cypressbook.co.kr
블로그 blog.naver.com/cypressbook1 | **포스트** post.naver.com/cypressbook1
인스타그램 싸이프레스 @cypress_book | 싸이클 @cycle_book
출판등록 2009년 11월 3일 제2010-000105호

ISBN 979-11-6032-227-9   73710

- 이 책은 저작권법에 따라 보호를 받는 저작물이므로 무단 전재 및 무단 복제를 금합니다.
- 책값은 뒤표지에 있습니다.
- 파본은 구입하신 곳에서 교환해 드립니다.
- 싸이프레스는 여러분의 소중한 원고를 기다립니다.

싸이은 싸이프레스의 어린이 도서 브랜드입니다.